школа - koulu	2
путовање - matka	5
транспорт - kuljetus	8
град - kaupunki	10
пејсаж - maisema	14
ресторан - ravinto a	17
супермаркет - supermarketti	20
напитци - juomat	22
јело - ruoka	23
сеоско газдинство - maatila	27
кућа - talo	31
дневна соба - olohuone	33
кухиња - keittiö	35
купаоница - kylpyhuone	38
дечија соба - lastenhuone	42
одећа - vaatteet	44
канцеларија - toimisto	49
економија - talous	51
занимања - ammatit	53
алати - työkalut	56
музички инструмент - soittimet	57
зоолошки врт - eläintarha	59
спорт - urheilu	62
активности - aktiviteetit	63
породица - perhe	67
тело - vartalo	68
болница - sairaala	72
хитни случај - hätätilanne	76
земља - maa	77
сат - kello	79
седмица - viikko	80
година - vuosi	81
облици - muodot	83
боје - värit	84
супротности - vastakohdat	85
бројеви - numerot	88
језици - kielet	90
ко / шта / како - kuka / mitä / miten	91
где - missä	92

Impressum
Verlag: BABADADA GmbH, Nedderfeld 112 , 22529 Hamburg
Geschäftsführer / Verlagsleitung: Harald Hof
Druck: Books on Demand GmbH, In de Tarpen 42, 22848 Norderstedt

Imprint
Publisher: BABADADA GmbH, Nedderfeld 112 , 22529 Hamburg, Germany
Managing Director / Publishing direction: Harald Hof
Print: Books on Demand GmbH, In de Tarpen 42, 22848 Norderstedt

школа
koulu

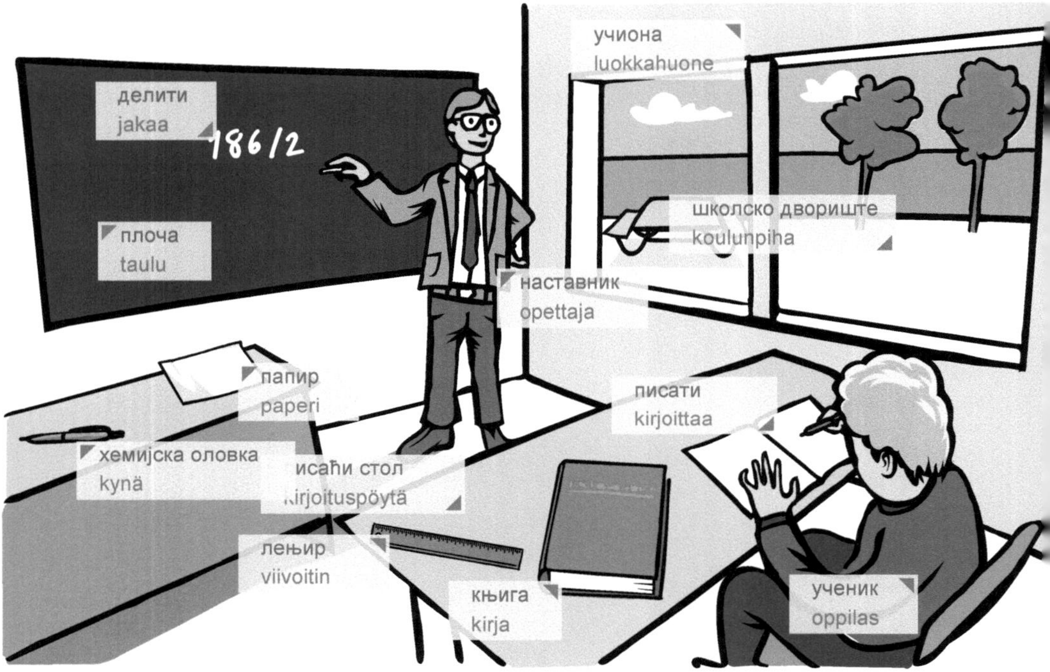
учиона
luokkahuone
делити
jakaa
186/2
плоча
taulu
школско двориште
koulunpiha
наставник
opettaja
папир
paperi
писати
kirjoittaa
хемијска оловка
kynä
исаћи стол
irjoituspöytä
лењир
viivoitin
књига
kirja
ученик
oppilas

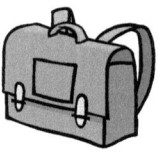

торба

reppu

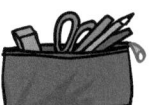

перница

penaali

графитна оловка

lyijykynä

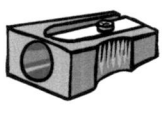

шиљило за оловке

kynänteroitin

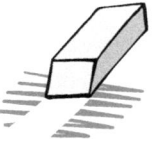

гумица за брисање

pyyhekumi

блок за цртање

piirustuslehtiö

цртеж

piirustus

кист

pensseli

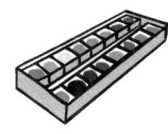

кутија са бојама

vesivärit

маказе

sakset

лепило

liima

белешница

harjoituskirja

домаћи задатак

kotitehtävä

број

luku

сабирати

lisätä

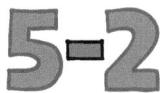

одузимати

vähentää

множити

kertoa

рачунати

laskea

слово

kirjain

абецеда

aakkoset

реч

sana

текст

teksti

читати

lukea

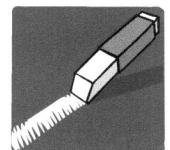

креда

liitu

час

oppitunti

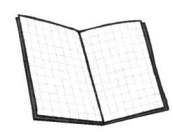

дневник

opettajan muistikirja

испит

koe

сведочанство

todistus

школска униформа

koulupuku

образовање

koulutus

лексикон

sanakirja

универзитет

yliopisto

микроскоп

mikroskooppi

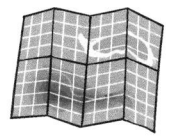

карта

kartta

кошара за папир

roskakori

путовање

matka

Grand
хотел
hotelli
преноћиште
retkeilymaja
ROOMS
мењачница
rahanvaihto
кофер
matkalaukku
ауто
auto

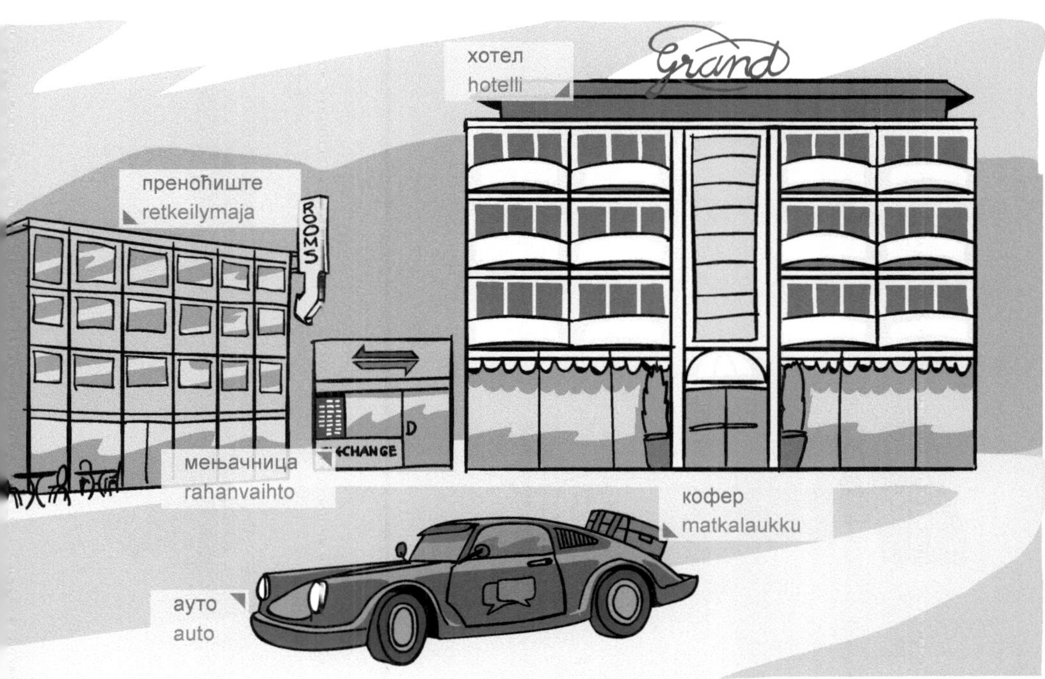

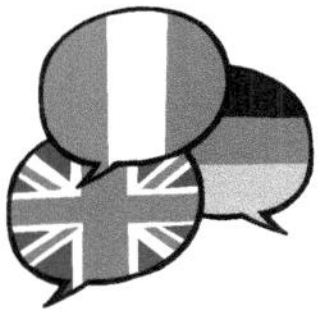

језик

kieli

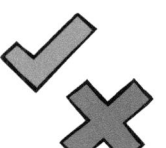

да / не

kyllä / ei

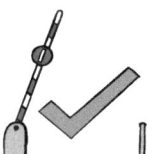

океј

selvä

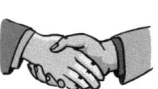

здраво

hei

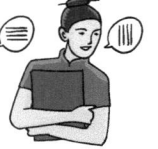

преводилац

tulkki

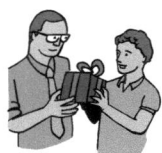

хвала

kiitos

Колико кошта...?

Paljonko...maksaa?

не разумем

en ymmärrä

проблем

ongelma

добро вече!

Hyvää iltaa!

Добро јутро!

Hyvää huomenta!

Лаку ноћ!

Hyvää yötä!

довиђења

näkemiin

смер

suunta

пртљага

matkatavarat

торба

laukku

руксак

reppu

гост

vieras

соба

huone

врећа за спавање

makuupussi

шатор

teltta

туристичке информације

turisti-info

плажа

ranta

кредитна картица

luottokortti

доручак

aamupala

ручак

lounas

вечера

päivällinen

карта за вожњу

matkalippu

лифт

hissi

поштанска маркица

postimerkki

граница

raja

царина

tulli

амбасада

suurlähetystö

виза

viisumi

пасош

passi

транспорт

kuljetus

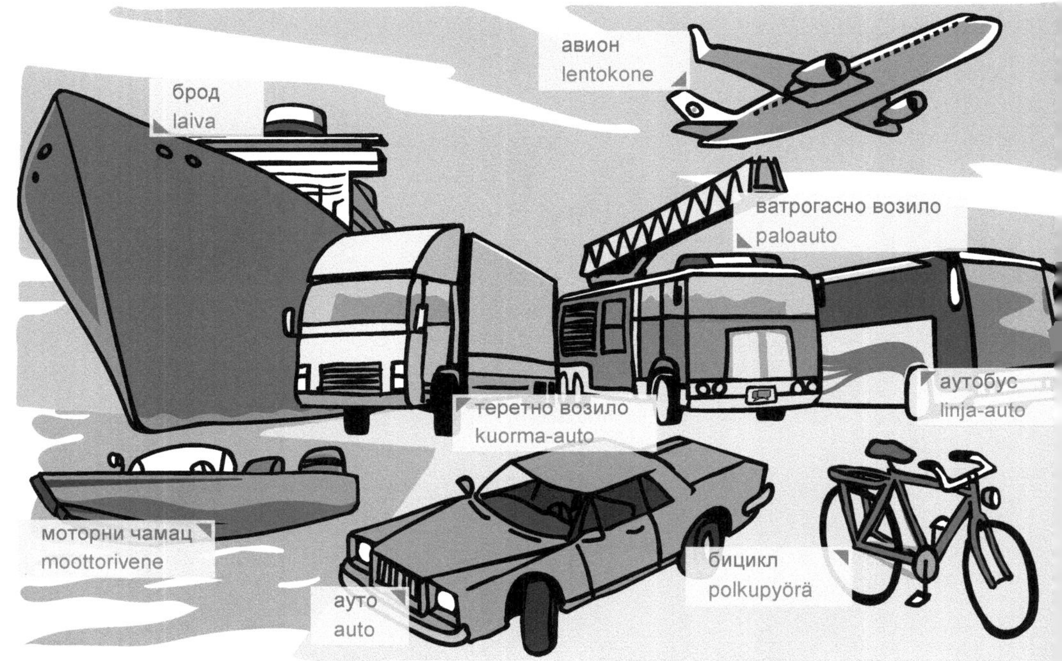
авион
lentokone
брод
laiva
ватрогасно возило
paloauto
аутобус
linja-auto
теретно возило
kuorma-auto
моторни чамац
moottorivene
бицикл
polkupyörä
ауто
auto

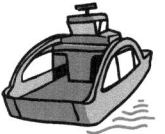

трајект

lautta

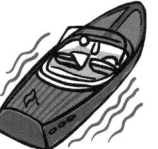

чамац

vene

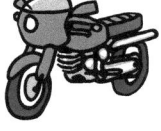

мотоцикл

moottoripyörä

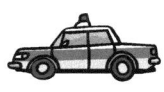

полицијски ауто

poliisiauto

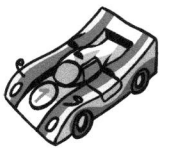

тркаћи ауто

kilpa-auto

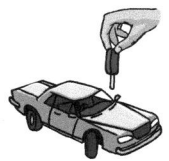

изнајмљено ауто

vuokra-auto

деление аутомобила

car sharing

вучно возило

hinausauto

возило за одвоз смећа

roska-auto

мотор

moottori

бензин

polttoaine

бензинска станица

huoltoasema

саобраћајни знак

liikennemerkki

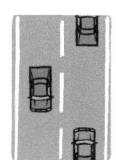

саобраћај

liikenne

застој

ruuhka

паркиралиште

parkkipaikka

железничка станица

rautatieasema

шине

raiteet

воз

juna

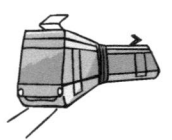

трамвај

raitiovaunu

вагон

vaunu

хеликоптер

helikopteri

аеродром

lentokenttä

кула

lähilennonjohto

путник

matkustaja

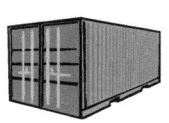

контејнер

kontti

картон

pahvilaatikko

колица

kärryt

корпа

kori

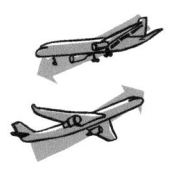

узлетети / слетети

nousta / laskea

град
kaupunki

село

kylä

центар града

keskusta

кућа

talo

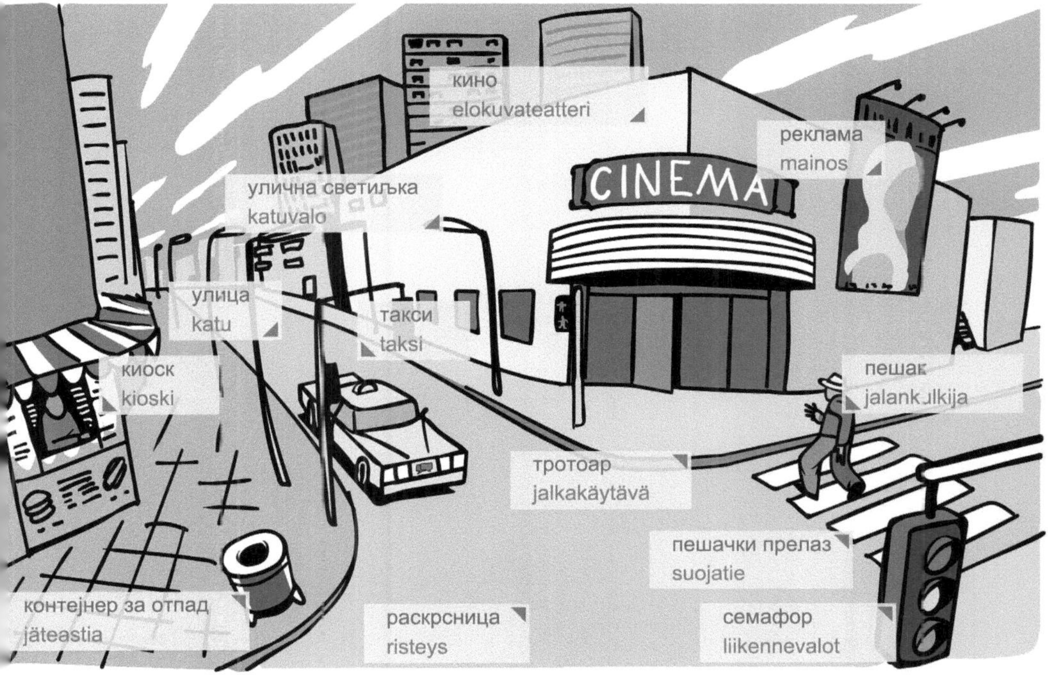
кино
elokuvateatteri
реклама
mainos
CINEMA
улична светиљка
katuvalo
улица
katu
такси
taksi
киоск
kioski
пешак
jalankulkija
тротоар
jalkakäytävä
пешачки прелаз
suojatie
контејнер за отпад
jäteastia
раскрсница
risteys
семафор
liikennevalot

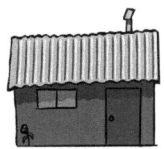

колиба

mökki

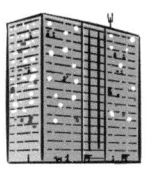

стан

kerrostalo

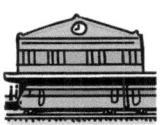

железничка станица

rautatieasema

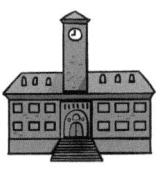

већница

kaupungintalo

MUSEUM

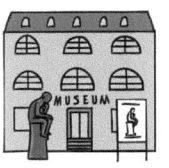

музеј

museo

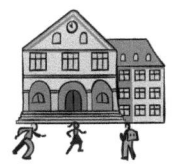

школа

koulu

универзитет

yliopisto

банка

pankki

болница

sairaala

хотел

hotelli

апотека

apteekki

канцеларија

toimisto

књижара

kirjakauppa

продавница

liike

цвећара

kukkakauppa

супермаркет

supermarketti

трг

tori

робна кућа

tavaratalo

рибарница

kalakauppias

трговачки центар

ostoskeskus

лука

satama

парк

puisto

клупа

penkki

мост

silta

степенице

portaat

подземна железница

metro

тунел

tunneli

аутобуска станица

linja-autopysäkki

бар

baari

ресторан

ravintola

поштанско сандуче

postilaatikko

улични знак

katukyltti

паркирни аутома⁻

parkkimittari

зоолошки врт

eläintarha

базен

uimala

џамија

moskeija

сеоско газдинство

maatila

загађење околине

ympäristön saastuminen

гробље

hautausmaa

црква

kirkko

игралиште

leikkikenttä

храм

temppeli

пејсаж
maisema

лист
lehti

путоказ
tienviitta

пут
tie

ливада
niitty

камен
kivi

шетач
retkeilijä

дрво
puu

река
joki

трава
ruoho

цвет
kukka

долина

laakso

планина

vuori

језеро

järvi

шума

metsä

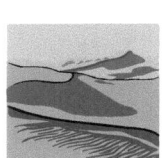

пустиња

aavikko

вулкан

tulivuori

дворац

linna

дуга

sateenkaari

гљива

sieni

палма

palmu

москито

hyttynen

мува

kärpänen

мрав

muurahainen

пчела

mehiläinen

паук

hämähäkki

буба

kovakuoriainen

жаба

sammakko

веверица

orava

јеж

siili

зец

jänis

сова

pöllö

птица

lintu

лабуд

joutsen

дивља свиња

villisika

јелен

peura

лос

hirvi

насип

pato

ветрењача

tuulimylly

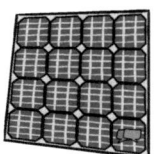

соларна плоча

aurinkopaneeli

клима

ilmasto

ресторан
ravintola

конобар
tarjoilija
јеловник
ruokalista
столица
tuoli
супа
keitto
пица
pitsa
прибор за јело
ruokailuvälineet
стољњак
pöytäliina

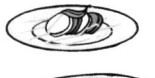

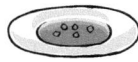

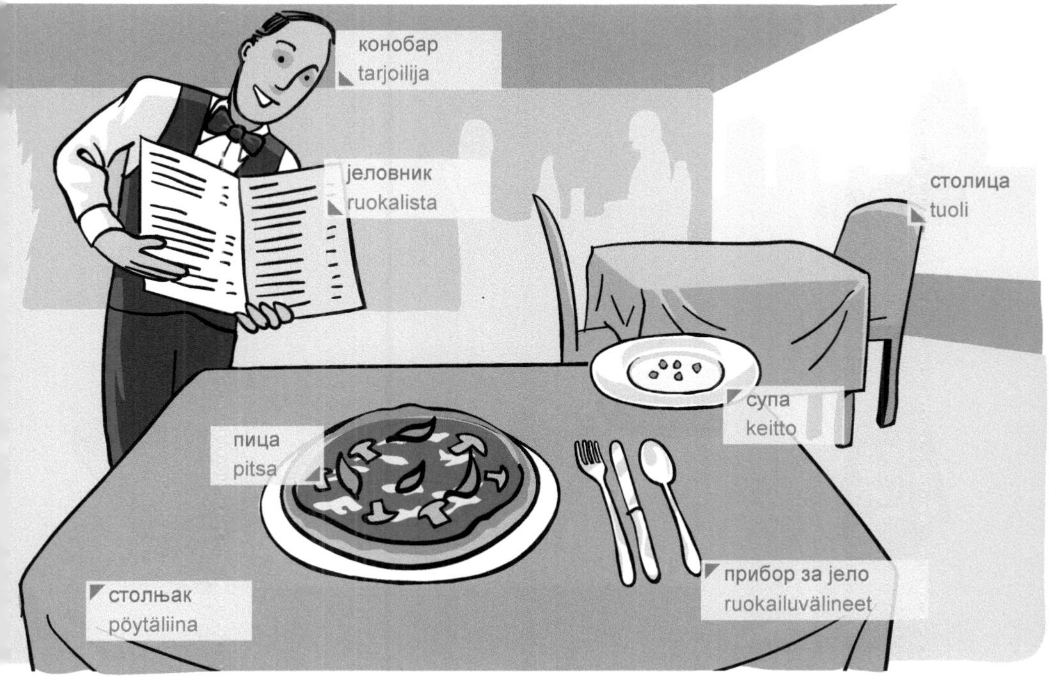

предјело
alkuruoka

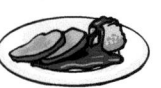

главно јело
pääruoka

десерт
jälkiruoka

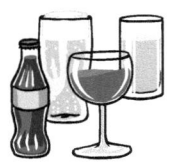

напитци
juomat

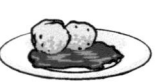

јело
ruoka

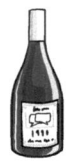

флаша
pullo

брза храна

pikaruoka

имбис храна

katuruoka

чајник

teekannu

доза за шећер

sokeriastia

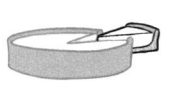

порција

annos

апарат за еспресо

espressokeitin

висока столица

syöttötuoli

рачун

lasku

послужавник

tarjotin

нож

veitsi

виљушка

haarukka

кашика

lusikka

чајна кашика

teelusikka

салвета

servietti

чаша

lasi

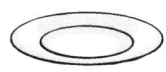

тањир

lautanen

тањир за супу

syvä lautanen

тањирић

aluslautanen

сос

kastike

сољенка

suolasirotin

млин за бибер

pippurimylly

сирће

etikka

уље

öljy

зачини

mausteet

кечап

ketsuppi

сенф

sinappi

мајонеза

majoneesi

супермаркет
supermarketti

понуда
tarjous
FOR
купац
asiakas
млечни производи
maitotuotteet
воће
hedelmät
колица за куповину
ostoskärryt

BUTCHERS

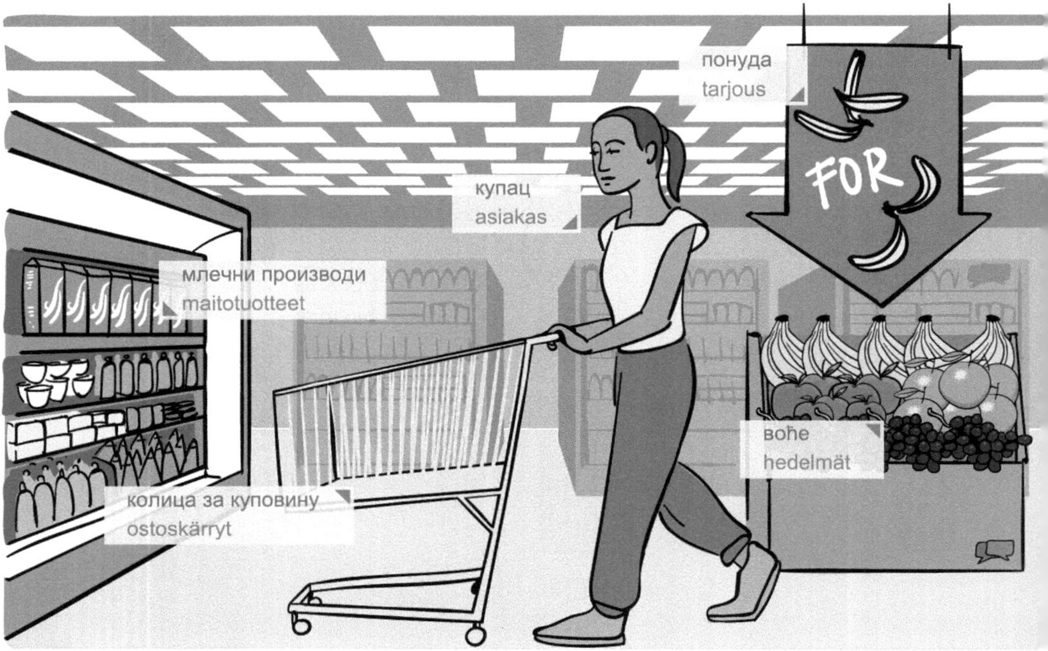

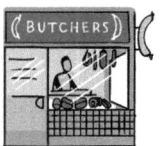

месница

teurastamo

BAKERY

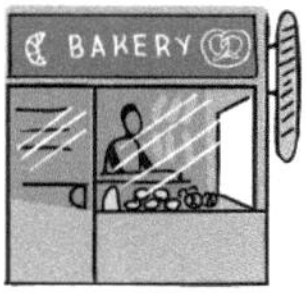

пекара

leipomo

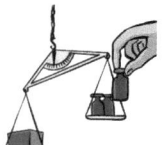

вагати

punnita

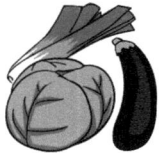

поврће

kasvikset

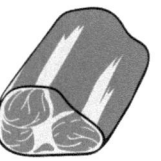

месо

liha

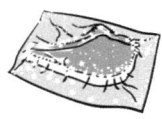

смрзнута храна

pakasteet

нарезак
leikkele

конзерве
säilykkeet

средство за прање
pesujauhe

слаткиши
makeiset

артикли за домаћинство
kotitaloustarvikkeet

средства за чишћење
puhdistusaineet

продавачица
myyjä

благајна
kassa

благајник
kassanhoitaja

листа за куповину
ostoslista

време рада
aukioloajat

новчаник
lompakko

кредитна картица
luottokortti

торба
kassi

пластична кеса
muovipussi

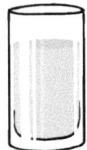

вода

vesi

сок

mehu

млеко

maito

кола

kokis

вино

viini

пиво

olut

алкохол

alkoholi

какао

kaakao

чај

tee

кава

kahvi

еспресо

espresso

капучино

cappuccino

банана
banaani

јабука
omena

наранџа
appelsiini

лубеница
meloni

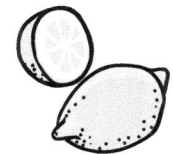

лимун
sitruuna

шаргарепа
porkkana

бели лук
valkosipuli

бамбус
bambu

лук
sipuli

гљива
sieni

орашасти плодови
pähkinät

резанци
spagetti

шпагете

spagetti

рижа

riisi

салата

salaatti

помфрит

ranskalaiset

печени крумпир

paistetut perunat

пица

pitsa

хамбургер

hampurilainen

сендвич

voileipä

шницла

leike

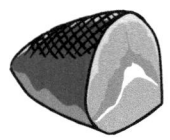

шунка

kinkku

салама

salami

кобасица

makkara

кокош

kana

печење

paisti

риба

kala

зобене пахуљице

kaurahiutaleet

мусли

mysli

кукурузне пахуљице

murot

брашно

jauho

кроасан

voisarvi

пециво

sämpylä

хлеб

leipä

тоаст

paahtoleipä

кекси

keksit

маслац

voi

свежи сир

rahka

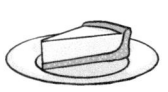

колач

kakku

jaje

kananmuna

jaje на око

paistettu kananmuna

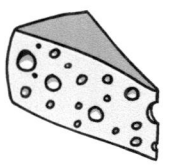

сир

juusto

сладолед

jäätelö

шећер

sokeri

мед

hunaja

мармелада

hillo

нугат крема

suklaapähkinälevite

кари

curry

сеоско газдинство

maatila

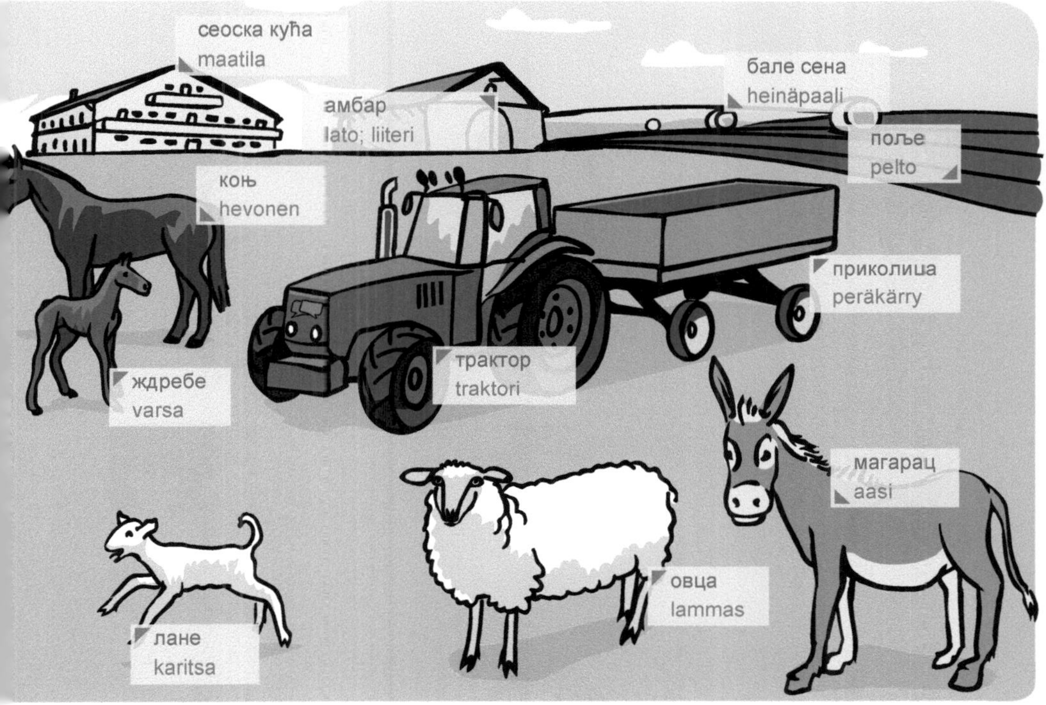
сеоска кућа
maatila
амбар
lato; liiteri
бале сена
heinäpaali
поље
pelto
коњ
hevonen
приколица
peräkärry
трактор
traktori
ждребе
varsa
магарац
aasi
овца
lammas
лане
karitsa

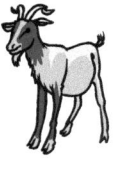

коза

vuohi

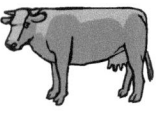

крава

lehmä

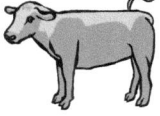

теле

vasikka

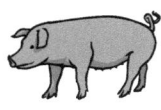

свиња

sika

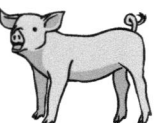

прасе

porsas

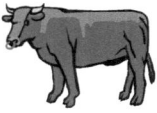

бик

sonni

гуска

hanhi

патка

ankka

пилићи

tipu

кокош

kana

петао

kukko

пацов

rotta

мачка

kissa

миш

hiiri

во

härkä

пас

koira

кућица за пса

koirankoppi

вртно црево

puutarhaletku

канта за поливање

kastelukannu

коса

viikate

плуг

aura

срп

sirppi

мотика

kuokka

виљушка за ђубриво

talikko

секира

kirves

тачке

kottikärryt

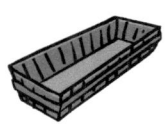

корито

kaukalo

посуда за млеко

maitokannu

вреħа

säkki

ограда

aita

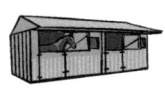

штала

talli

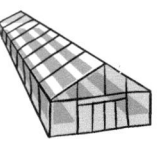

стакленик

kasvihuone

земља

maa

семе

siemen

ђубриво

lannoite

комбајн

leikkuupuimuri

жети

kerätä sato

жетва

sato

јамс зачин

jamssit

пшеница

vehnä

соја

soija

кромпир

peruna

кукуруз

maissi

уљана репица

rypsi

воћка

hedelmäpuu

гомољ маниоке

maniokki

житарице

vilja

кућа

talo

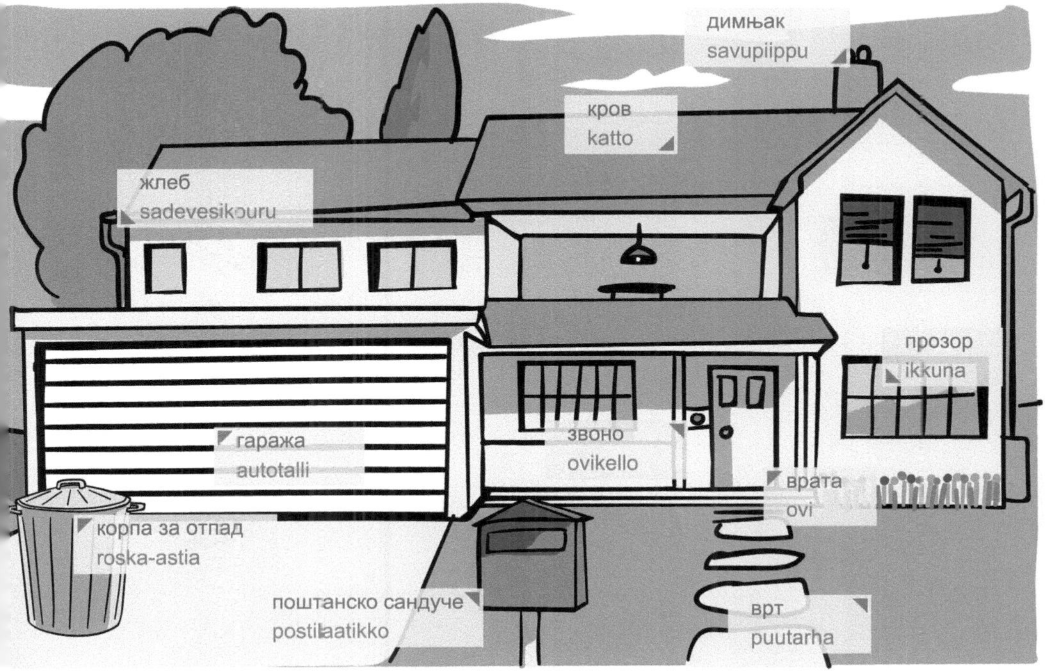

димњак
savupiippu
кров
katto
жлеб
sadevesikouru
прозор
ikkuna
гаража
autotalli
звоно
ovikello
врата
ovi
корпа за отпад
roska-astia
поштанско сандуче
postilaatikko
врт
puutarha

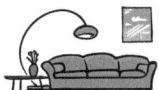

дневна соба

olohuone

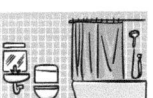

купаоница

kylpyhuone

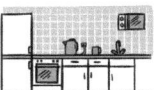

кухиња

keittiö

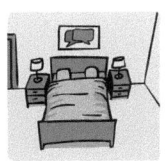

спаваћа соба

makuuhuone

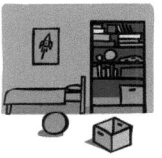

дечија соба

lastenhuone

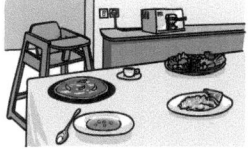

трпезарија

ruokahuone

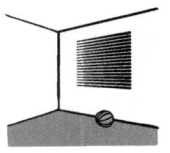

под
lattia

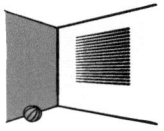

зид
seinä

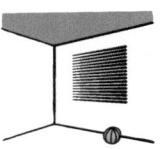

строп
katto

подрум
kellari

сауна
sauna

балкон
parveke

тераса
terassi

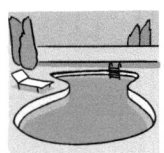

базен
uima-allas

косилица за траву
ruohonleikkuri

постељина за кревет
lakana

дека за кревет
päiväpeitto

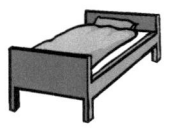

кревет
sänky

метла
harja

канта
ämpäri

прекидач
katkaisin

дневна соба

olohuone

тапета
tapetti
слика
kuva
светиљка
lamppu
регал
hylly
ормар
kaappi
телевизија
televisio
камин
takka
цвет
kukka
јастук
tyyny
кауч
sohva
ваза
maljakko
даљински управљач
kaukosäädin

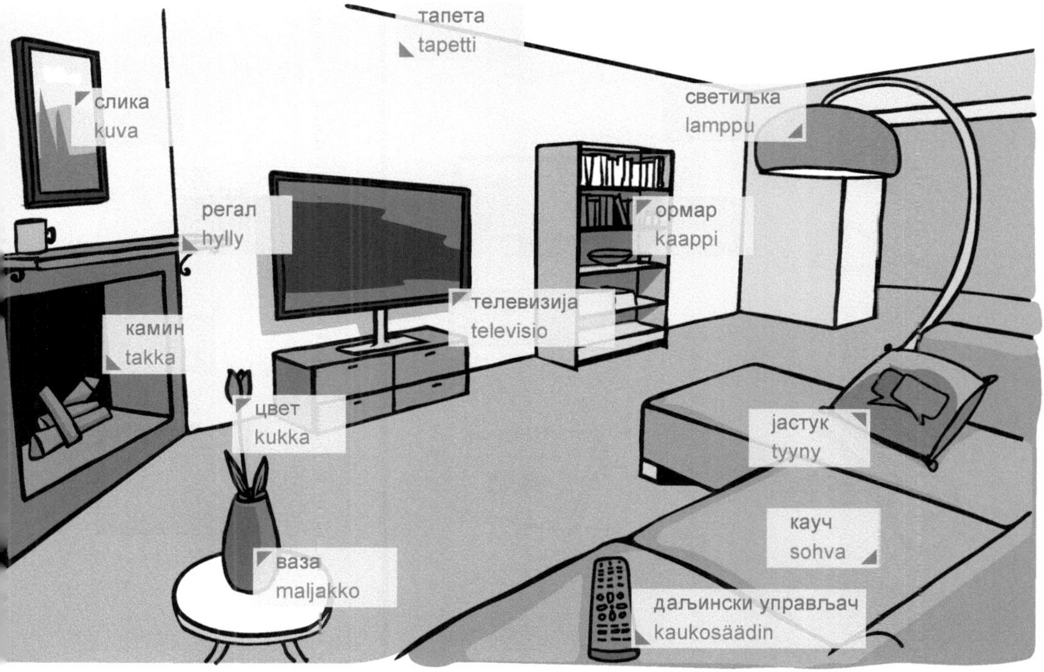

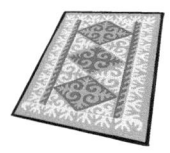

тепих
matto

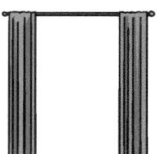

завеса
verho

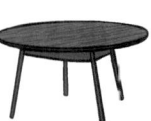

сто
pöytä

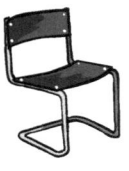

столица
tuoli

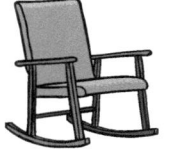

столица за њихање
keinutuoli

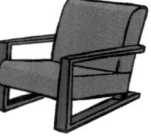

фотеља
nojatuoli

књига

kirja

дека

peitto

декорација

koriste

дрво за огрев

polttopuut

филм

elokuva

хи-фи уређај

stereot

кључ

avain

новине

sanomalehti

слика на платну

maalaus

постер

juliste

радио

radio

блок за писање

muistivihko

усисивач

pölynimuri

кактус

kaktus

свећа

kynttilä

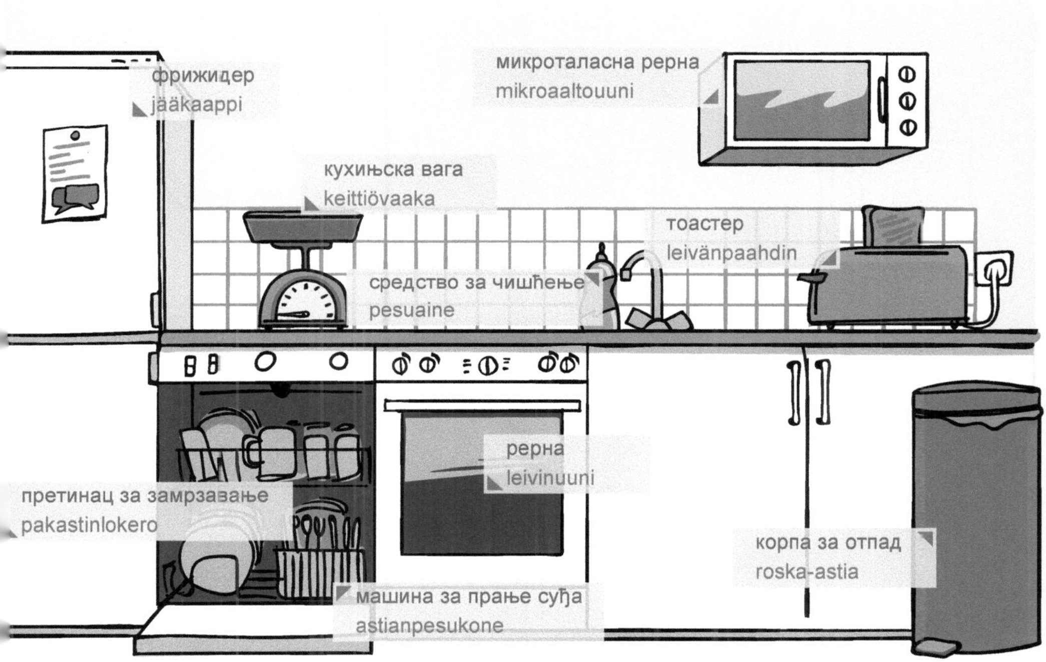

микроталасна рерна
mikroaaltouuni

фрижидер
jääkaappi

кухињска вага
keittiövaaka

тоастер
leivänpaahdin

средство за чишћење
pesuaine

рерна
leivinuuni

претинац за замрзавање
pakastinlokero

корпа за отпад
roska-astia

машина за прање суђа
astianpesukone

шпорет
....
liesi

лонац
....
kattila

гвоздени лонац
....
rautapata

вок / кадаи
....
ɔkkipannu / kadai-pannu

тава
....
paistinpannu

кувало за воду
....
teepannu

кувало на пару

höyrykeitin

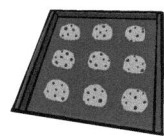

лим за печење

uunipelti

посуђе

astiat

чаша

muki

посуда

kulho

штапићи за јело

syömäpuikot

кутлача

kauha

лопатица

paistinlasta

пењача

vispilä

сито за кување

siivilä

сито

siivilä

рибеж

raastin

мужар

mortteli

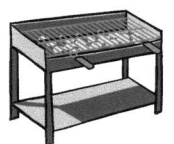

роштиљ

grilli

огњиште

avotuli

     кухиња - keittiö

даска

leikkuulauta

оклагија

kaulin

вадичеп

korkinavaaja

конзерва

purkki

отварач конзерви

purkinavaaja

крпа за лонац

pannulappu

судопер

lavuaari

четка

tiskiharja

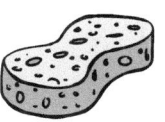

сунђер

pesusieni

миксер

tehosekoitin

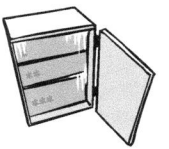

замрзивач

pakastin

флашица за бебе

tuttipullo

славина за воду

vesihana

купаоница
kylpyhuone

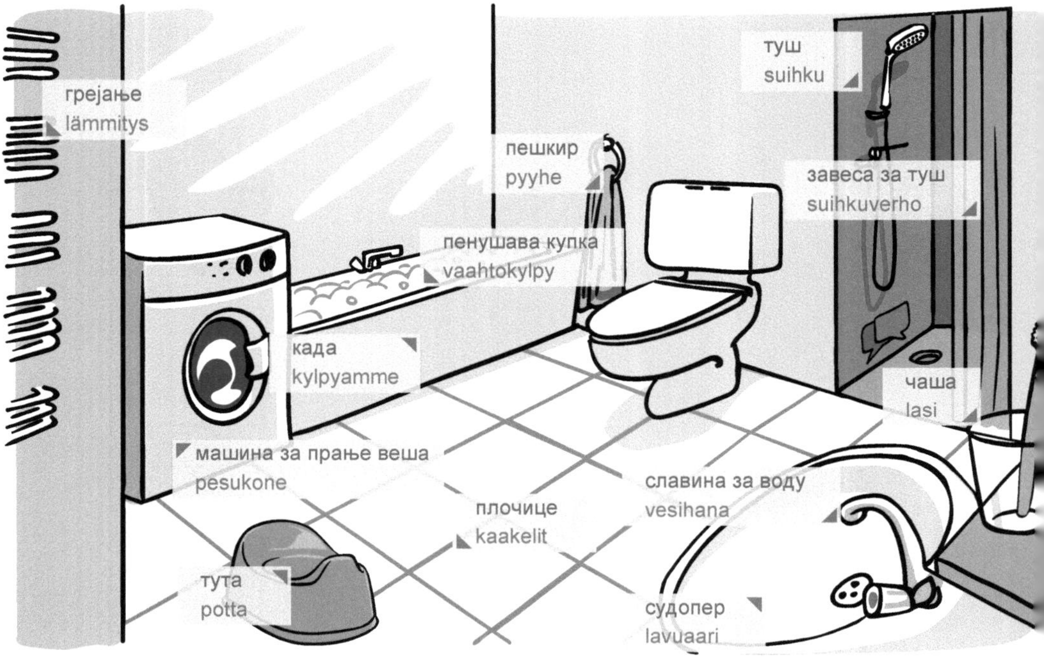

грејање
lämmitys
пешкир
pyyhe
туш
suihku
завеса за туш
suihkuverho
пенушава купка
vaahtokylpy
када
kylpyamme
чаша
lasi
машина за прање веша
pesukone
славина за воду
vesihana
плочице
kaakelit
тута
potta
судопер
lavuaari

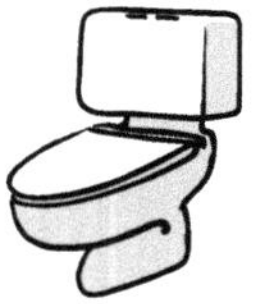

тоалет
vessa

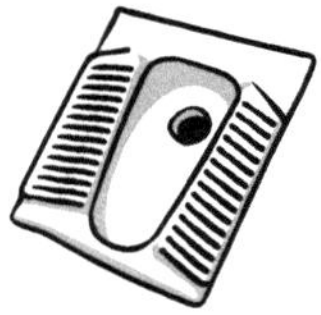

чучавац
kyykkyvessa

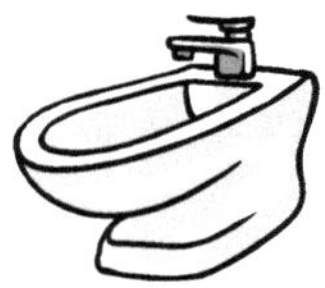

бидет
bidee

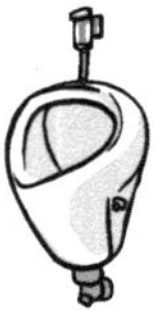

писоар
pisuaari

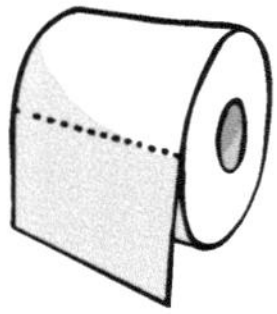

тоалетни папир
vessapaperi

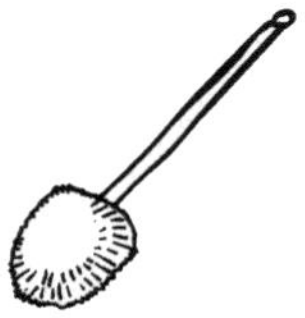

четка за тоалет
vessaharja

четкица за зубе

hammasharja

паста за зубе

hammastahna

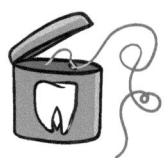

конац за зубе

hammaslanka

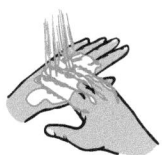

прати

pestä

туш ручица

käsisuihku

туш за прање интимних делова

intiimisuihku

лавор

pesuvati

четка за прање леђа

selkäharja

сапун

saippua

гел за туширање

suihkugeeli

шампон

shampoo

крпа за прање

pesulappu

одвод

viemäri

крема

voide

дезодоранс

deodorantti

огледало

peili

козметичко огледало

käsipeili

бријач

partaveitsi

пена за бријање

partavaahto

лосион за после бријања

partavesi

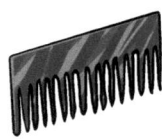

чешаљ

kampa

четка

harja

фен за косу

hiustenkuivaaja

спреј за косу

hiuslakka

шминка

meikki

руж за усне

huulipuna

лак за нокте

kynsilakka

вата

pumpuli

маказе за нокте

kynsisakset

парфем

hajuvesi

козметичка торбица

kosmetiikkalaukku

столица

jakkara

вага

vaaka

огртач

kylpytakki

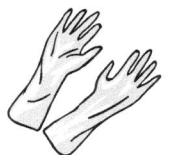

рукавице за чишћење

kumihansikkaat

тампон

tamponi

уложак

terveysside

хемијски тоалет

kemiallinen wc

дечија соба
lastenhuone

будилник
herätyskello
плишана играчка
pehmolelu
ауто играчка
leikkiauto
звечка
helistin
кућица за лутке
nukkekoti
поклон
lahja

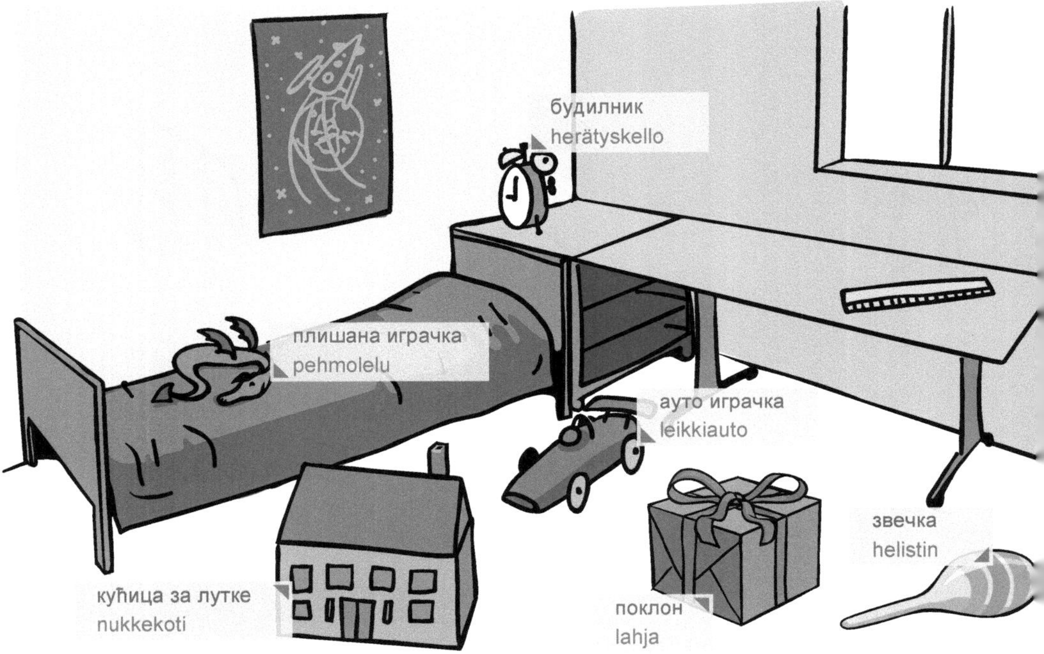

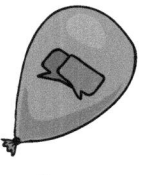

балон

ilmapallo

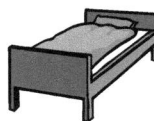

кревет

sänky

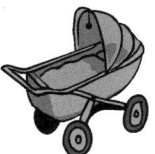

дјечија колица

lastenvaunut

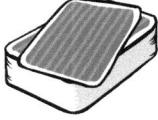

игра са картама

korttipeli

слагалица

palapeli

SUPER
MEGA

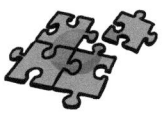

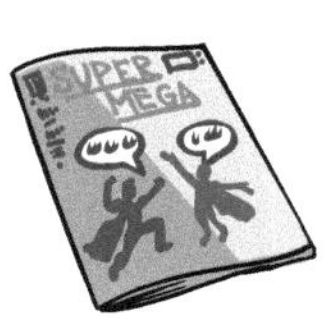

стрип

sarjakuva

лего коцкице

legopalikat

коцкице за слагање

rakennuspalikat

акциони јунак

supersankari

бенкица за бебе

potkupuku

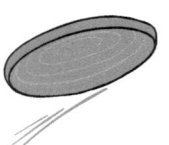

фризби

frisbee

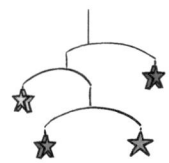

висеће играчке

mobile

друштвене игре

lautapeli

коцка

noppa

минијатурна жељезница

pienoisjunarata

дуда

tutti

забава

juhlat

сликовница

kuvakirja

лопта

pallo

лутка

nukke

играти

leikkiä

пешчаник

hiekkalaatikko

љуљачка

keinu

играчка

lelut

конзола за игре

pelikonsoli

трицикл

kolmipyörä

теди

nalle

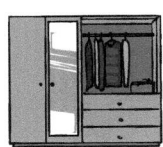

ормар

vaatekaappi

одећа

vaatteet

кратке чарапе

sukat

чарапе

nylonsukat

хулахопке

sukkahousut

шал
kaulaliina

кишобран
sateenvarjo

каиш
vyö

мајица
t-paita

чизме
saappaat

папуче
sisätossut

патике
lenkkarit

сандале
sandaalit

ципеле
kengät

гумене чизме
kumisaappaat

гаћице
alushousut

грудњак
rintaliivit

поткошуља
aluspaita

боди
body

панталоне
housut

фармерке
farkut

сукња
hame

блуза
pusero

кошуља
paita

џемпер
villapaita

џемпер с капуљачом
collegepaita

сако
jakku

јакна
takki

мантил
takki

кабаница
sadetakki

костим
puku

хаљина
mekko

венчаница
hääpuku

одело

puku

спаваћица

yöpaita

пиџама

pyjama

сари

shari

марама за главу

päähuivi

турбан

turbaani

бурка

burka

кафтан

kaftaani

абаја

abaya

купаћи костим

uimapuku

купаће гаћице

uimahousut

кратке панталоне

shortsit

одећа за тренинг

verkkarit

кецеља

esiliina

рукавице

käsineet

дугме

nappi

наочаре

silmälasit

наруквица

rannekoru

огрлица

kaulakoru

прстен

sormus

наушница

korvakoru

капа

lippalakki

вешалица

ripustin

шешир

hattu

кравата

solmio

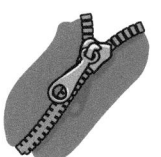

патент затварач

vetoketju

кацига

kypärä

нараменице

henkselit

школска униформа

koulupuku

униформа

univormu

подбрадак

ruokalappu

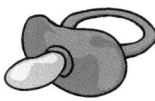

дуда

tutti

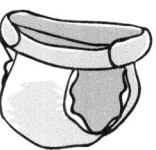

пелена

vaippa

канцеларија
toimisto

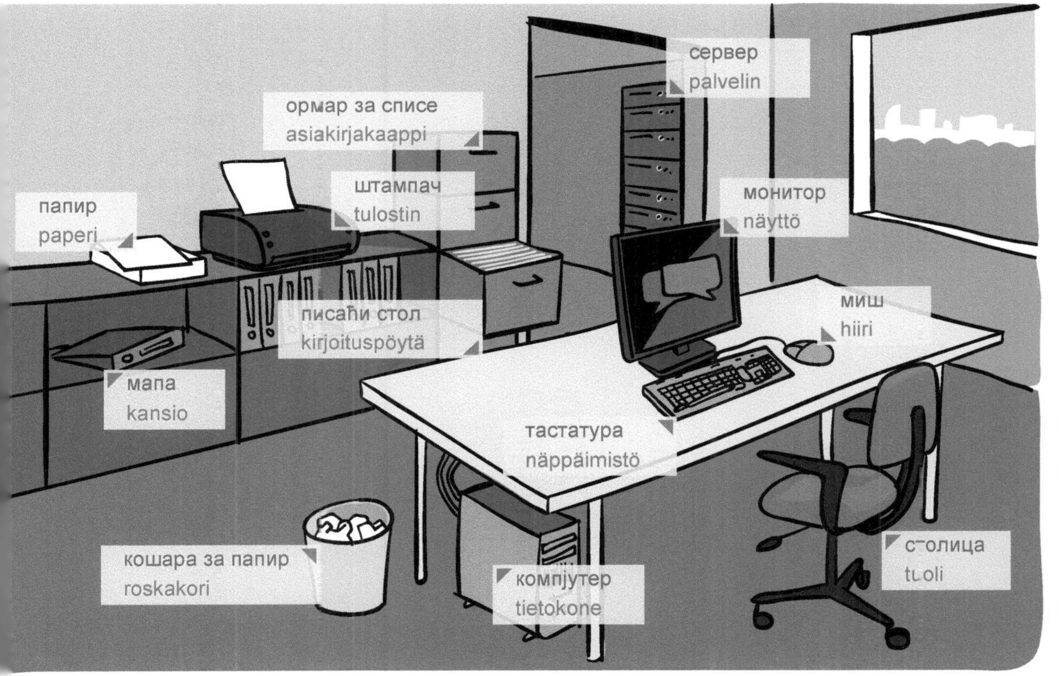

сервер
palvelin

ормар за списе
asiakirjakaappi

штампач
tulostin

монитор
näyttö

папир
paperi

писаћи стол
kirjoituspöytä

миш
hiiri

мапа
kansio

тастатура
näppäimistö

кошара за папир
roskakori

компјутер
tietokone

столица
tuoli

шалица за каву

kahvimuki

калкулатор

taskulaskin

интернет

internet

лаптоп

kannettava tietokone

писмо

kirje

порука

viesti

мобилни телефон

kännykkä

мрежа

verkko

уређај за копирање

kopiokone

софтвер

ohjelmisto

телефон

puhelin

утичница

pistorasia

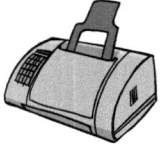

факс

faksi

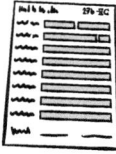

формулар

lomake

документ

asiakirja

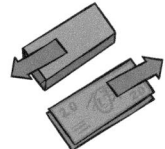

куповати

ostaa

платити

maksaa

трговати

vaihtaa

новац

raha

долар

dollari

евро

euro

јен

jeni

рубља

rupla

швајцарски франак

frangi

ренминдби јуан

renminbi juan

рупија

rupia

аутомат за новац

pankkiautomaatti

мењачница

rahanvaihto

злато

kulta

сребро

hopea

нафта

öljy

енергија

energia

цена

hinta

уговор

sopimus

порез

vero

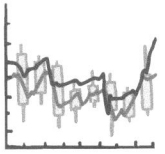

деонице

osake

радити

työskennellä

службеник

työntekijä

послодавац

työnantaja

фабрика

tehdas

продавница

liike

занимања
ammatit

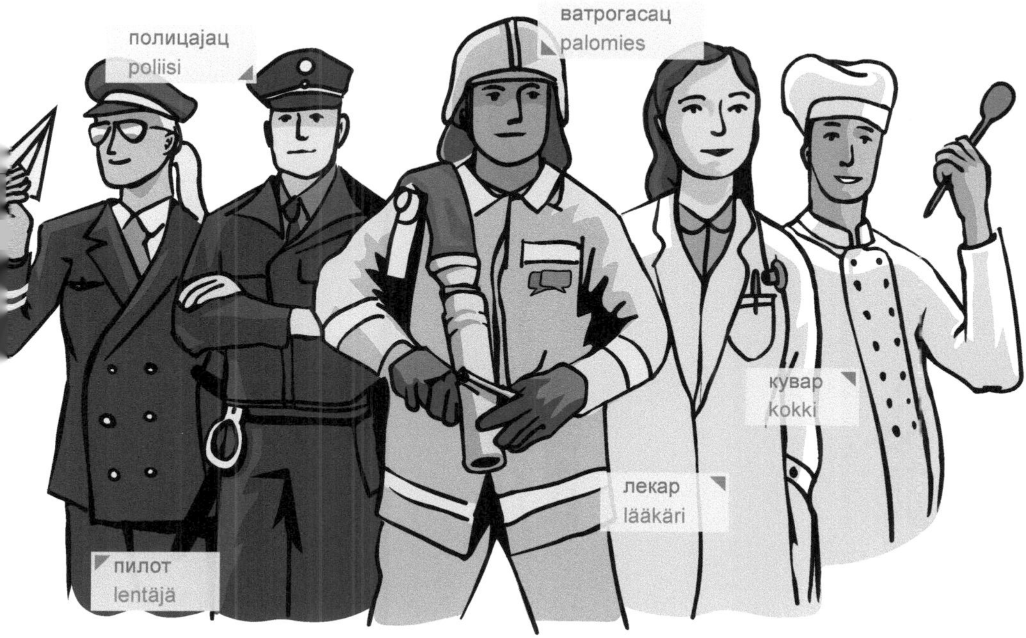

полицајац
poliisi
ватрогасац
palomies
кувар
kokki
лекар
lääkäri
пилот
lentäjä

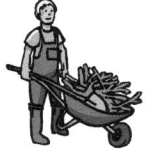

вртлар

puutarhuri

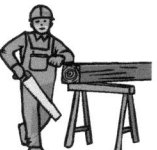

столар

puuseppä

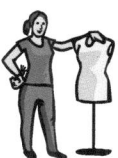

кројачица

ompelija

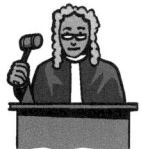

судија

tuomari

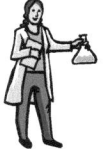

хемичар

kemisti

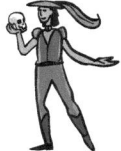

глумац

näyttelijä

возач аутобуса

linja-autonkuljettaja

возач таксија

taksinkuljettaja

рибар

kalastaja

чистачица

siivooja

кровопокривач

katontekijä

конобар

tarjoilija

ловац

metsästäjä

сликар

maalari

пекар

leipuri

електричар

sähköasentaja

грађевински радник

rakentaja

инжењер

insinööri

месар

teurastaja

лимар

putkiasentaja

поштар

postinjakaja

војник

sotilas

архитекта

arkkitehti

благајник

kassanhoitaja

цвећар

floristi

фризер

kampaaja

кондуктер

konduktööri

механичар

mekaanikko

капетан

kapteeni

зубар

hammaslääkäri

научник

tiedemies

раби

rabbi

имам

imaami

монах

munkki

свећеник

pappi

алати
työkalut

чекић
vasara
клешта
pihdit
одвијач
ruuvimeisseli
кључ за завртње
jakoavain
џепна лампа
taskulamppu

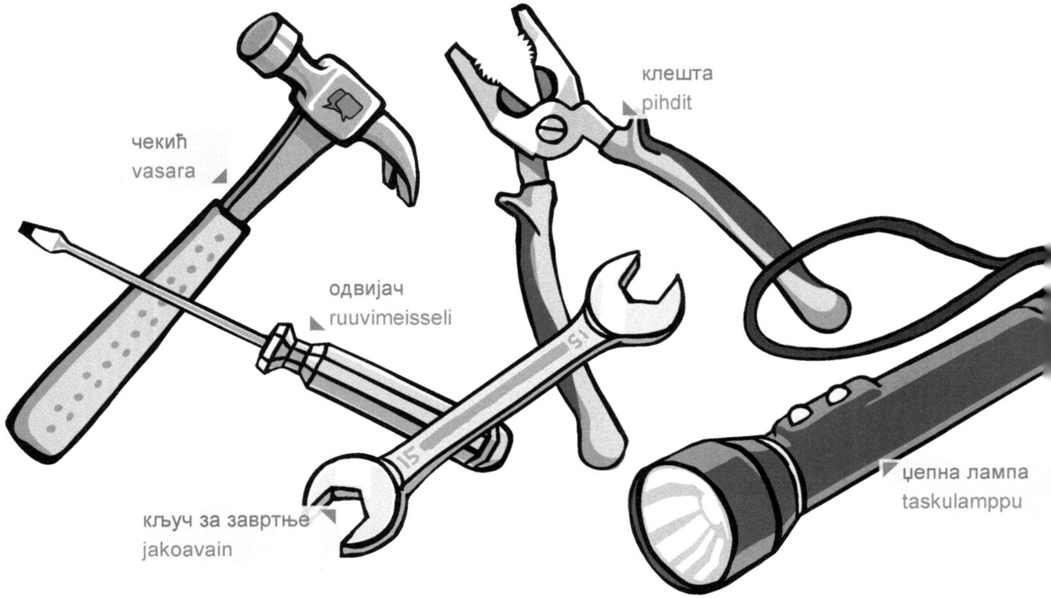

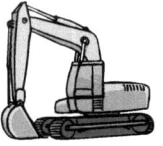

багер

kaivinkone

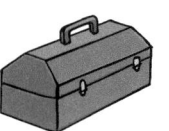

кутија за алат

työkalupakki

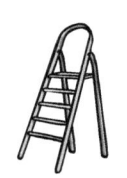

мердевине

tikkaat

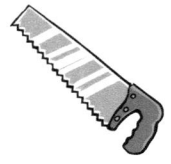

пила

saha

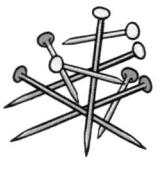

ексер

naulat

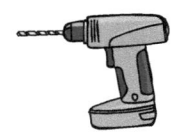

бушилица

pora

поправити
korjata

лопата
lapio

до ђавола!
Hitto!

лопатица
rikkalapio

лонац за боју
maalipurkki

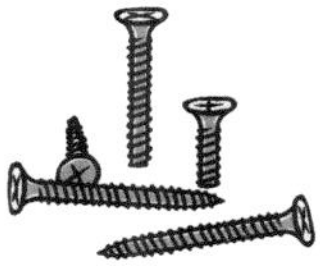

завртањи
ruuvit

музички инструмент
soittimet

бубњеви
rummut

звучник
kaiuttimet

гитара
kitara

контрабас
kontrabassc

труба
trumpetti

клавир

piano

виолина

viulu

бас

basso

тимпани

patarummut

удараљке за бубњеве

rumpu

типке клавира

kosketinsoitin

саксофон

saksofoni

флаута

huilu

микрофон

mikrofoni

зоолошки врт

eläintarha

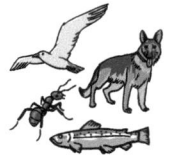

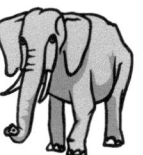

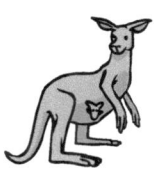

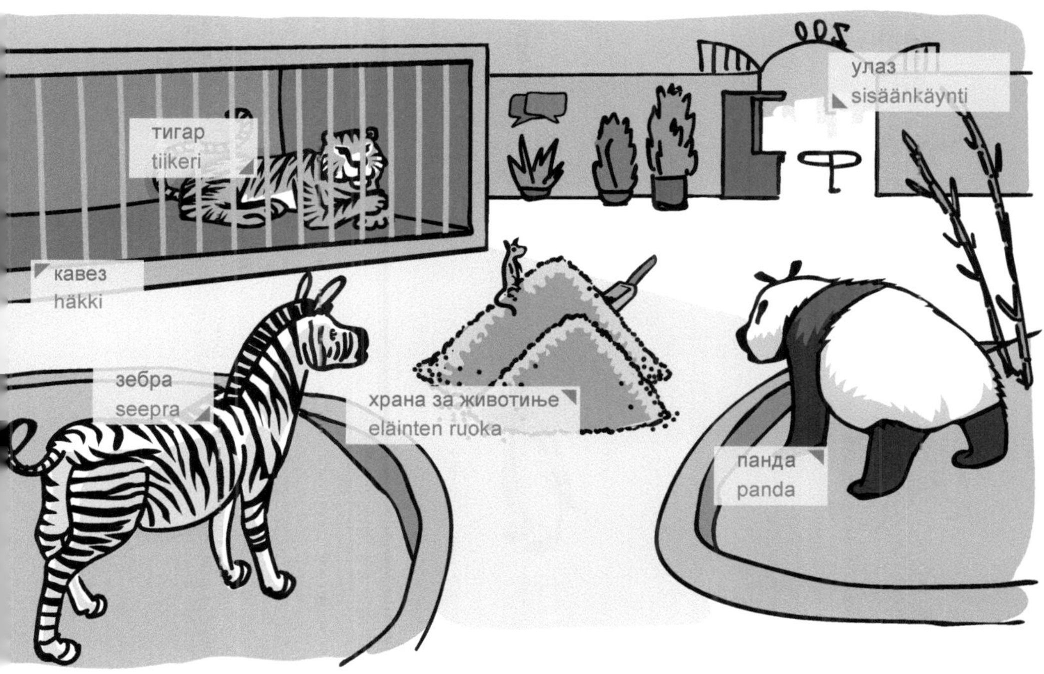

улаз
sisäänkäynti
тигар
tiikeri
кавез
häkki
зебра
seepra
храна за животиње
eläinten ruoka
панда
panda

животиње

eläimet

слон

norsu

кенгур

kenguru

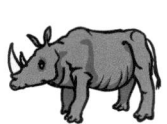

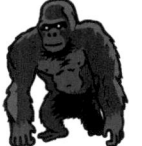

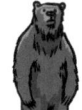

носорог

sarvikuono

горила

gorilla

медвед

karhu

камила

kameli

нoj

strutsi

лав

leijona

мajмун

apina

фламинго

flamingo

папагaj

papukaija

поларни медвед

jääkarhu

пингвин

pingviini

аjкула

hai

паун

riikinkukko

змиja

käärme

крокодил

krokotiili

чувар у зоолошком врту

eläintarhanhoitaja

туљан

hylje

jaгyap

jaguaari

пони

poni

леопард

leopardi

нилски коњ

virtahepo

жирафа

kirahvi

орао

kotka

дивља свиња

villisika

риба

kala

корњача

kilpikonna

морж

mursu

лисица

kettu

газела

gaselli

амерички ногомет
amerikkalainen jalkapallo

бициклизам
pyöräily

тенис
tennis

кошарка
koripallo

пливање
uinti

бокс
nyrkkeily

хокеј на леду
jääkiekko

фудбал
jalkapallo

бадминтон
sulkapallo

атлетика
yleisurheilu

рукомет
käsipallo

скијање
hiihto

поло
poolo

активности

aktiviteetit

скочити
hypätä
загрлити
halata
смејати се
nauraa
ићи
kävelä
певати
laulaa
молити се
rukoilla
пољубити
suudella
сањати
unelmoida

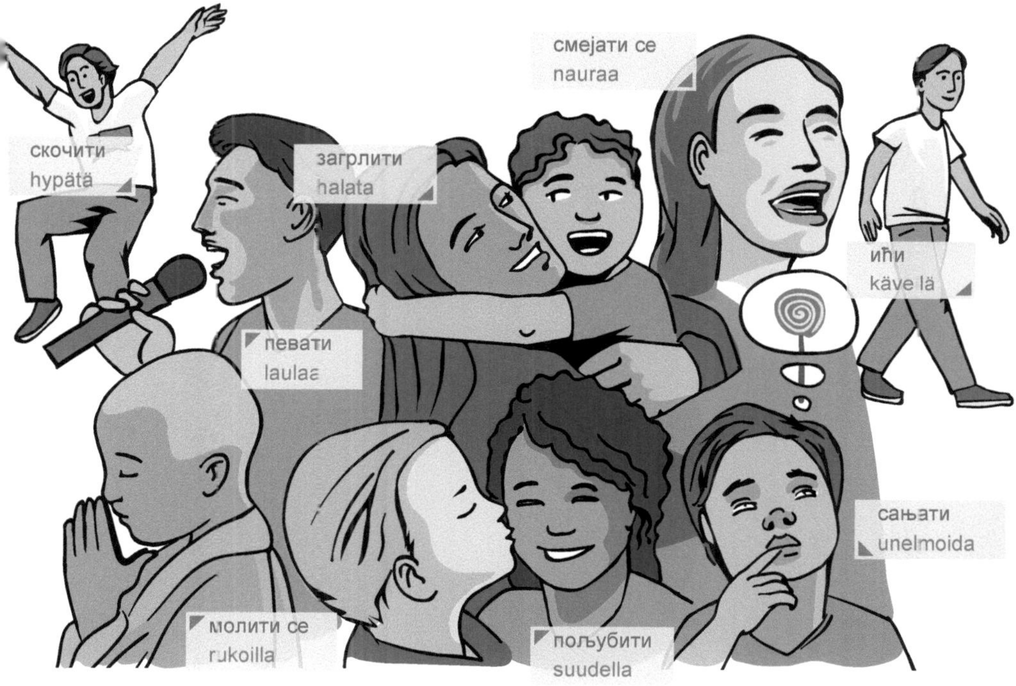

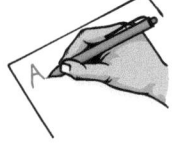

писати

kirjoittaa

цртати

piirtää

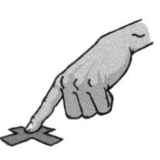

показати

näyttää

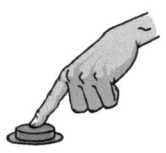

гурати

painaa

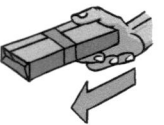

дати

antaa

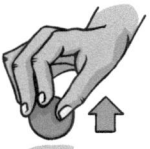

узети

ottaa

имати

omistaa

чинити

tehdä

бити

olla

стојати

seisoa

трчати

juosta

повлачити

vetää

бацити

heittää

падати

kaatua

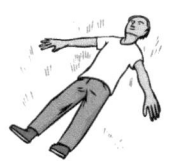

лежати

maata

чекати

odottaa

носити

kantaa

седити

istua

облачити

pukeutua

спавати

nukkua

пробудити се

herätä

гледати

katsoa

плакати

itkeä

миловати

silittää

чешљати

kammata

говорити

puhua

разумети

ymmärtää

питати

kysyä

слушати

kuunnella

пити

juoda

јести

syödä

поспремити

siivota

волети

rakastaa

кухати

keittää

возити

ajaa

летети

lentää

пловити

purjehtia

рачунати

laskea

читати

lukea

учити

oppia

радити

työskennellä

венчати се

mennä naimisiin

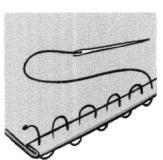

шити

ommella

прати зубе

pestä hampaat

убити

tappaa

пушити

tupakoida

послати

lähettää

породица
perhe

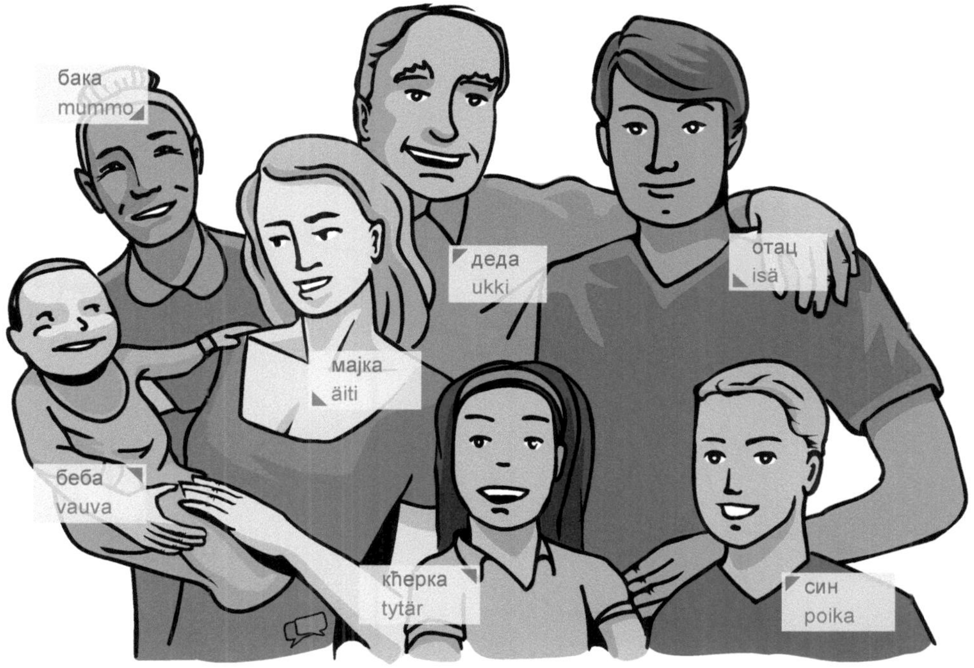

бака
mummo
деда
ukki
отац
isä
мајка
äiti
беба
vauva
кћерка
tytär
син
poika

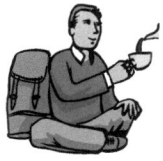

гост

vieras

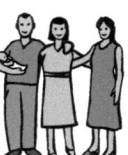

тетка

täti

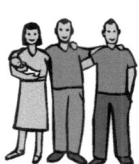

ујак, стриц

setä

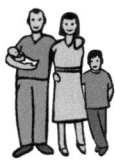

брат

veli

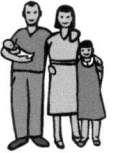

сестра

sisko

тело
vartalo

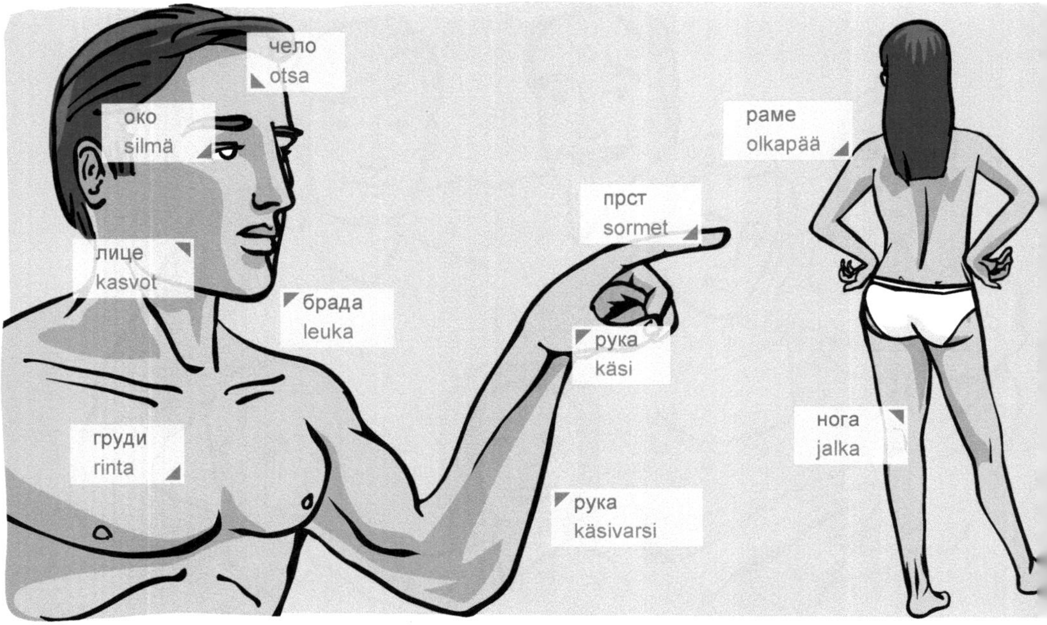

чело
otsa

око
silmä

раме
olkapää

прст
sormet

лице
kasvot

брада
leuka

рука
käsi

груди
rinta

нога
jalka

рука
käsivarsi

беба

vauva

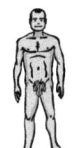

мушкарац

mies

жена

nainen

девојчица

tyttö

дечак

poika

глава

pää

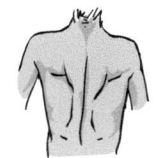

леђа

selkä

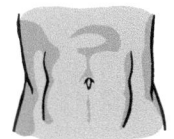

стомак

maha

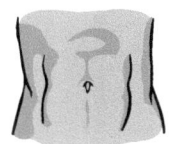

пупак

napa

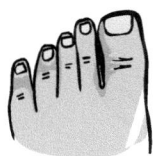

ножни прст

varvas

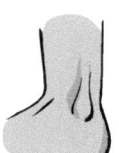

пета

kantapää

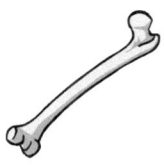

кост

luu

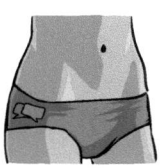

кукови

lantio

колено

polvi

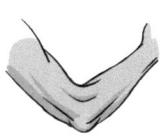

лакат

kyynärpää

нос

nenä

задњица

takapuoli

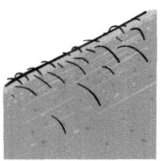

кожа

iho

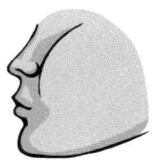

образ

poski

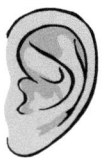

уво

korva

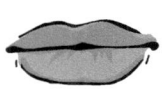

усна

huuli

уста

suu

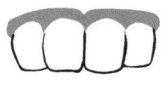

зуб

hammas

језик

kieli

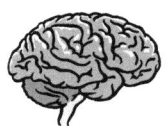

мозак

aivot

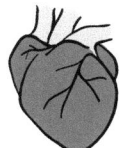

срце

sydän

мишић

lihas

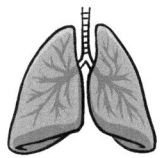

плућа

keuhkot

јетра

maksa

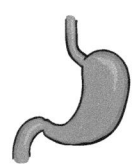

желудац

vatsa

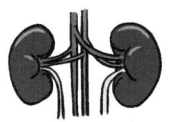

бубрези

munuaiset

полни однос

seksi

кондом

kondomi

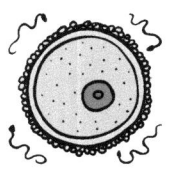

јајна ћелија

munasolu

сперма

sperma

трудноћа

raskaus

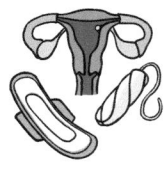

менструација

kuukautiset

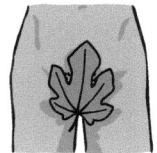

вагина

vagina

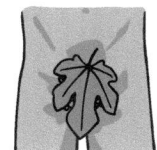

пенис

penis

обрва

kulmakarvat

коса

hiukset

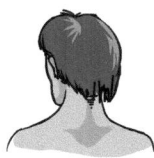

врат

niska

болница

sairaala

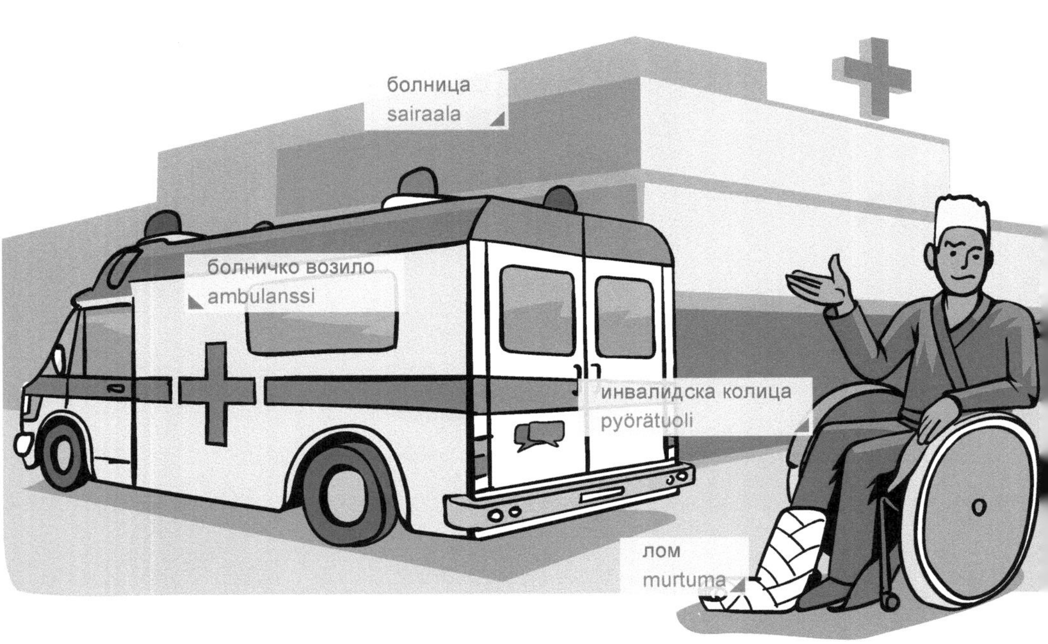

болница
sairaala
болничко возило
ambulanssi
инвалидска колица
pyörätuoli
лом
murtuma

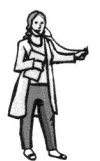

лекар

lääkäri

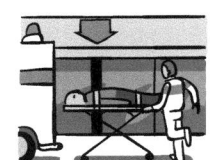

хитна медицинска служба

ensiapu

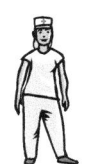

медицинска сестра

sairaanhoitaja

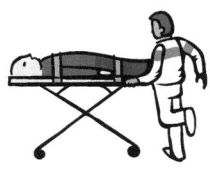

хитни случај

hätätilanne

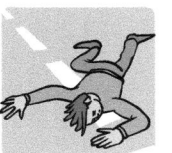

несвест

tajuton

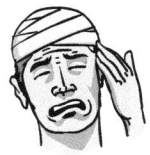

бол

kipu

повреда
vamma

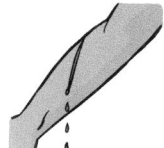

крварење
verenvuoto

срчани удар
sydänkohtaus

удар
aivoinfarkti

алергија
allergia

кашаљ
yskä

грозница
kuume

грипа
flunssa

пролив
ripuli

главобоља
päänsärky

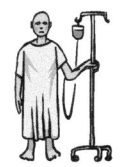

рак
syöpä

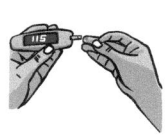

дијабетес
diabetes

хирург
kirurgi

скалпел
veitsi

операција
leikkaus

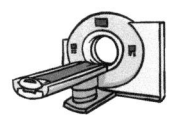

цт

ct

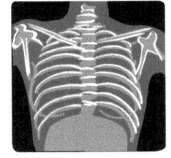

рентген

röntgen

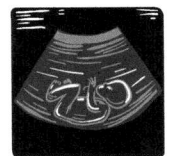

ултразвук

ultraääni

маска

maski

болест

sairaus

чекаона

odotushuone

штака

sauva

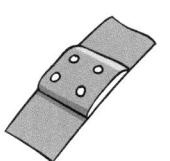

фластер

laastari

завој

side

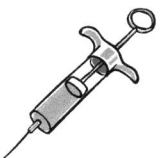

ињекција

pistos

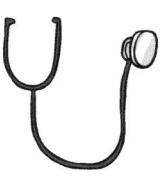

стетоскоп

stetoskooppi

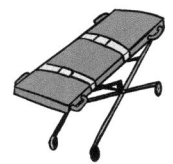

носила

paarit

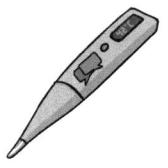

термометар

kuumemittari

рођење

syntymä

прекомерна тежина

ylipaino

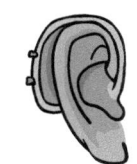

слушни апарат

kuulolaite

средство за дезинфекцију

desinfiointiaine

инфекција

infektio

вирус

virus

хив / аидс

HIV / AIDS

медицина

lääke

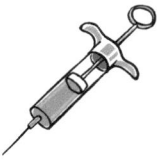

вакцинација

rokotus

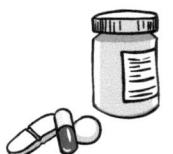

таблете

tabletit

пилула

pilleri

хитни позив

hätäpuhelu

уређај за мерење притиска

verenpainemittari

болесно / здраво

sairas / terve

помоħ!

Apua!

аларм

hälytys

насртај

ryöstö

напад

hyökkäys

опасност

vaara

излаз у случају нужде

hätäuloskäynti

пожар!

Tulipalo!

противпожарни апарат

palosammutin

незгоца

onnettomuus

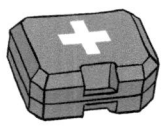

кутија прве помоħи

ensiapulaukku

сос

SOS

полиција

poliisilaitos

Европа

Eurooppa

Северна Америка

Pohjois-Amerikka

Јужна Америка

Etelä-Amerikka

Африка

Afrikka

Азија

Aasia

Аустралија

Australia

Атлантик

Atlantin valtameri

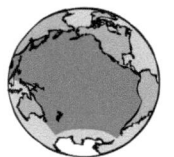

Пацифик

Tyynimeri

Индијски океан

Intian valtameri

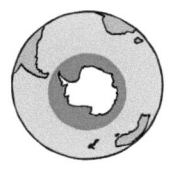

Антарктички океан

Eteläinen jäämeri

Арктички океан

Pohjoinen jäämeri

Северни пол

pohjoisnapa

Јужни рол

etelänapa

Антарктик

Antarktis

земља

maa

земља

maa

море

meri

оток

saari

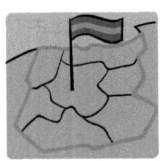

нација

kansa

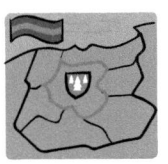

држава

osavaltio

бројчаник сата

kellotaulu

сатна казаљка

tuntiviisari

минутна казаљка

minuuttiviisari

секундна казаљка

sekuntiviisari

Колико је сати?

Paljonko kello on?

дан

päivä

време

aika

сада

nyt

дигитални сат

digitaalikello

минута

minuutti

час

tunti

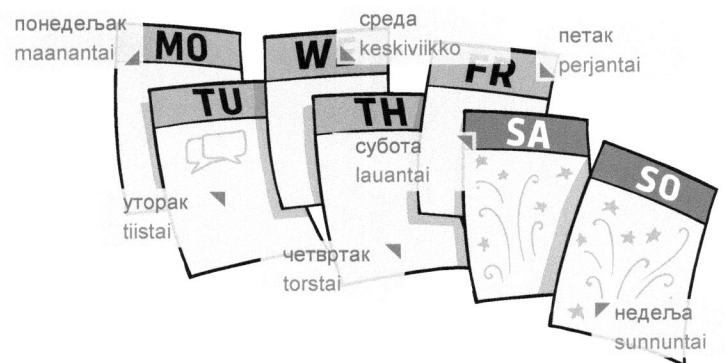

понедељак
maanantai

среда
keskiviikko

петак
perjantai

уторак
tiistai

субота
lauantai

четвртак
torstai

недеља
sunnuntai

јуче
eilen

данас
tänään

сутра
huomenna

јутро
aamu

подне
keskipäivä

вече
ilta

MO	TU	WE	TH	FR	SA	SU
1	2	3	4	5	6	7
8	9	10	11	12	13	14
15	16	17	18	19	20	21
22	23	24	25	26	27	28
29	30	31	1	2	3	4

радни дани
työpäivät

MO	TU	WE	TH	FR	SA	SU
1	2	3	4	5	6	7
8	9	10	11	12	13	14
15	16	17	18	19	20	21
22	23	24	25	26	27	28
29	30	31	1	2	3	4

викенд
viikonloppu

година

vuosi

киша
sade
дуга
sateenkaari
снег
lumi
ветар
tuuli
пролеће
kevät
јесен
syksy
лето
kesä
зима
talvi

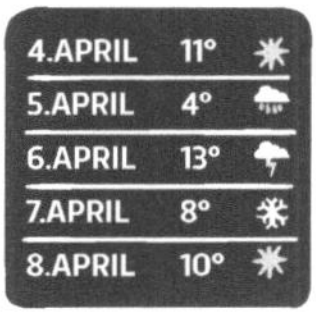

4.APRIL 11°
5.APRIL 4°
6.APRIL 13°
7.APRIL 8°
8.APRIL 10°

етеоролошка прогноза

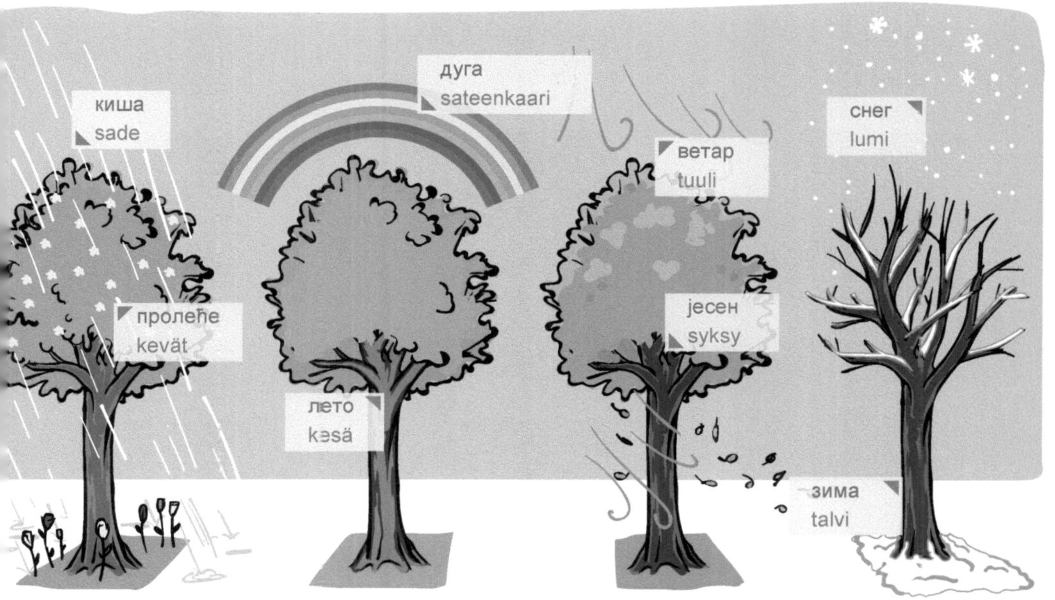

sääennuste

F C
120 40
90 30
60 20
30 10
0 0
-30 -10
-20

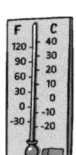

термометар

lämpömittari

сунчана светлост

auringonpaiste

облак

pilvi

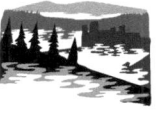

магла

sumu

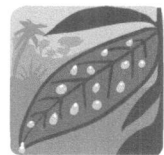

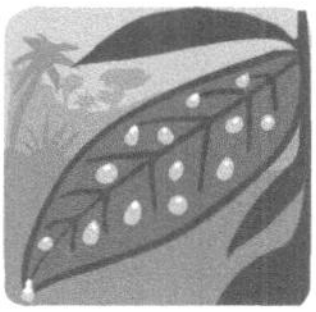

влажност ваздуха

ilmankosteus

муња

salama

грмљавина

ukkonen

олуја

myrsky

туча

rae

монсун

monsuuni

поплава

tulva

лед

jää

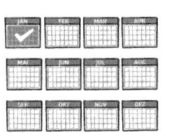

јануар

tammikuu

фебруар

helmikuu

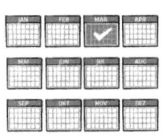

март

maaliskuu

април

huhtikuu

мај

toukokuu

јуни

kesäkuu

јули

heinäkuu

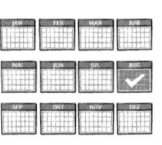

август

elokuu

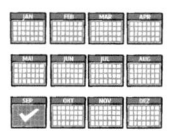

септембар

syyskuu

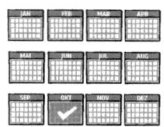

октобар

lokakuu

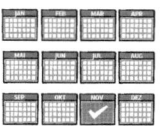

новембар

marraskuu

децембар

joulukuu

облици

muodot

круг

ympyrä

квадрат

neliö

правоугао

suorakulmio

троугао

kolmio

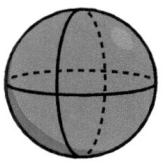

кугла

pallo

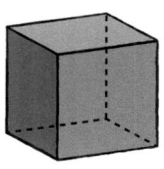

коцка

kuutio

бела

valkoinen

жута

keltainen

наранџаста

oranssi

ружичаста

vaaleanpunainen

црвена

punainen

љубичаста

violetti

плава

sininen

зелена

vihreä

смеђа

ruskea

сива

harmaa

црна

musta

много / мало

paljon / vähän

љутито / мирно

vihainen / ystävällinen

лепо / ружно

kaunis / ruma

почетак / крај

alku / loppu

велико / малено

suuri / pieni

светло / тамно

vaalea / tumma

брат / сестра

veli / sisko

чисто / прљаво

puhdas / likainen

потпуно / непотпуно

täydellinen / epätäydel inen

дан / ноћ

päivä / yö

мртво / живо

kuollut / elävä

широко / уско

leveä / kapea

јестиво / нејестиво

syötävä / syömäkelvoton

зло / добро

paha / kiltti

узбуђено / досадно

innostunut / tylsistynyt

дебело / мршаво

lihava / laiha

на почетку / на крају

ensimmäinen / viimeinen

пријатељ / непријатељ

ystävä / vihollinen

пуно / празно

täysi / tyhjä

тврдо / мекано

kova / pehmeä

тешко / лагано

painava / kevyt

глад / жеђ

nälkä / jano

болесно / здраво

sairas / terve

илегално / легално

laiton / laillinen

паметно / глупо

älykäs / tyhmä

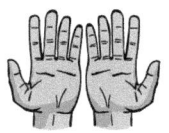

лево / десно

vasen / oikea

близу / далеко

lähellä / kaukana

ново / половно

uusi / käytetty

ништа / нешто

ei mitään / jotain

старо / младо

vanha / nuori

укључено / искључено

päällä / pois päältä

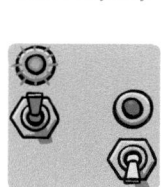

отворено / затворено

auki / kiinni

тихо / гласно

hiljainen / äänekäs

богато / сиромашно

rikas / köyhä

тачно / погрешно

oikein / väärin

храпаво / глатко

karhea / sileä

тужно / сретно

surullinen / iloinen

кратко / дуго

lyhyt / pitkä

полако / брзо

hidas / nopea

мокро / сухо

märkä / kuiva

топло / хладно

lämmin / viileä

рат / мир

sota / rauha

0

нула

nolla

1

jедан

yksi

2

два

kaksi

3

три

kolme

4

четири

neljä

5

пет

viisi

6

шест

kuusi

7

седам

seitsemän

8

осам

kahdeksan

9

девет

yhdeksän

10

десет

kymmenen

11

jеданаест

yksitoista

12

дванаест

kaksitoista

13

тринаест

kolmetoista

14

четрнаест

neljätoista

15

петнаест

viisitoista

16

шестнаест

kuusitoista

17

седамнаест

seitsemäntoista

18

осамнаест

kahdeksantoista

19

деветнаест

yhdeksäntoista

20

двадесет

kaksikymmentä

100

стотину

sata

1.000

хиљаду

tuhat

1.000.000

милион

miljoona

енглески

englanti

амерички енглески

amerikanenglanti

мандарински кинески

mandariinikiina

хиндски

hindi

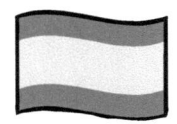

шпански

espanja

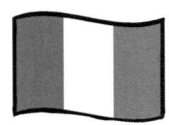

француски

ranska

арапски

arabia

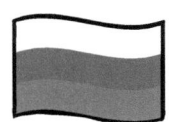

руски

venäjä

португалски

portugali

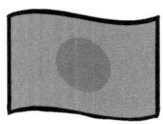

бенгалски

bengali

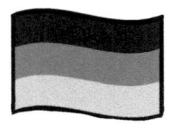

немачки

saksa

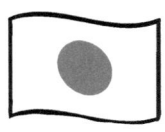

јапански

japani

ja

minä

ти

sinä

он / она / оно

hän

ми

me

ви

te

они

he

Ко?

kuka?

Шта?

mitä / mikä?

Како?

miten?

Где?

missä?

Када?

milloin?

име

nimi

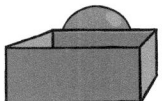

иза

takana

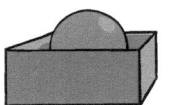

у

sisällä

испред

edessä

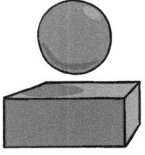

преко

yläpuolella

на

päällä

испод

alapuolella

поред

vieressä

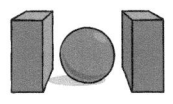

између

välissä

место

paikka